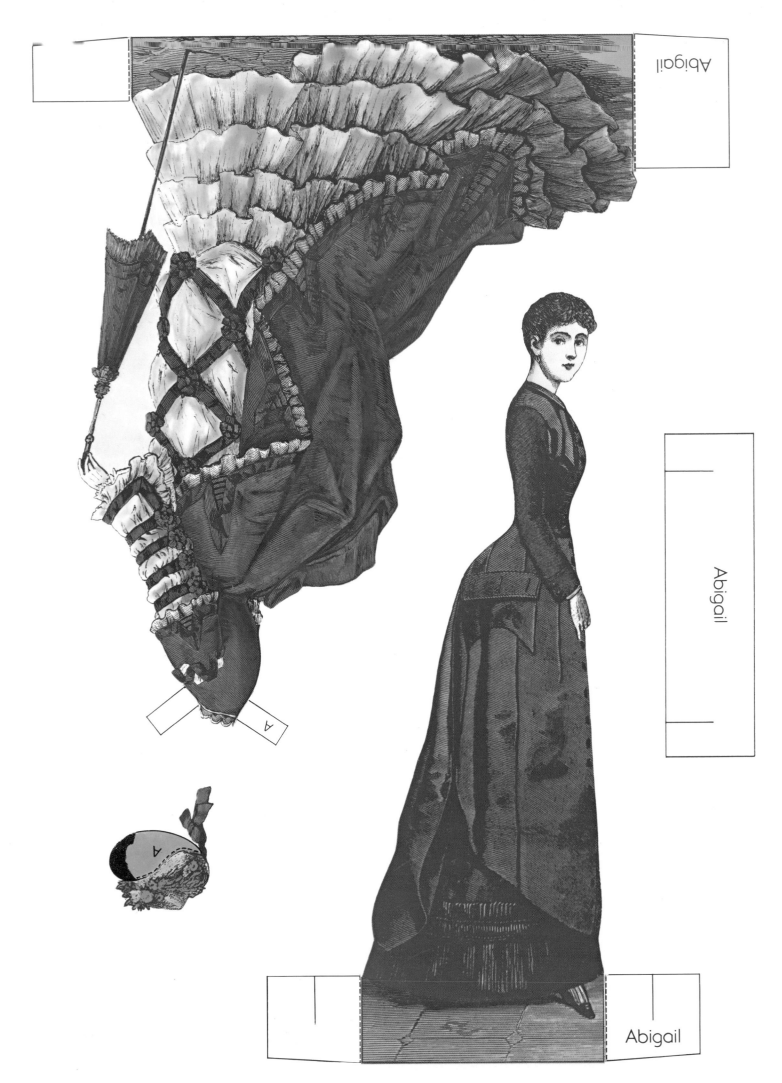

Abigail

Abigail

Abigail

Abigail

Abigail

Abigail

A

A

A

A

Abigail

Abigail

Abigail

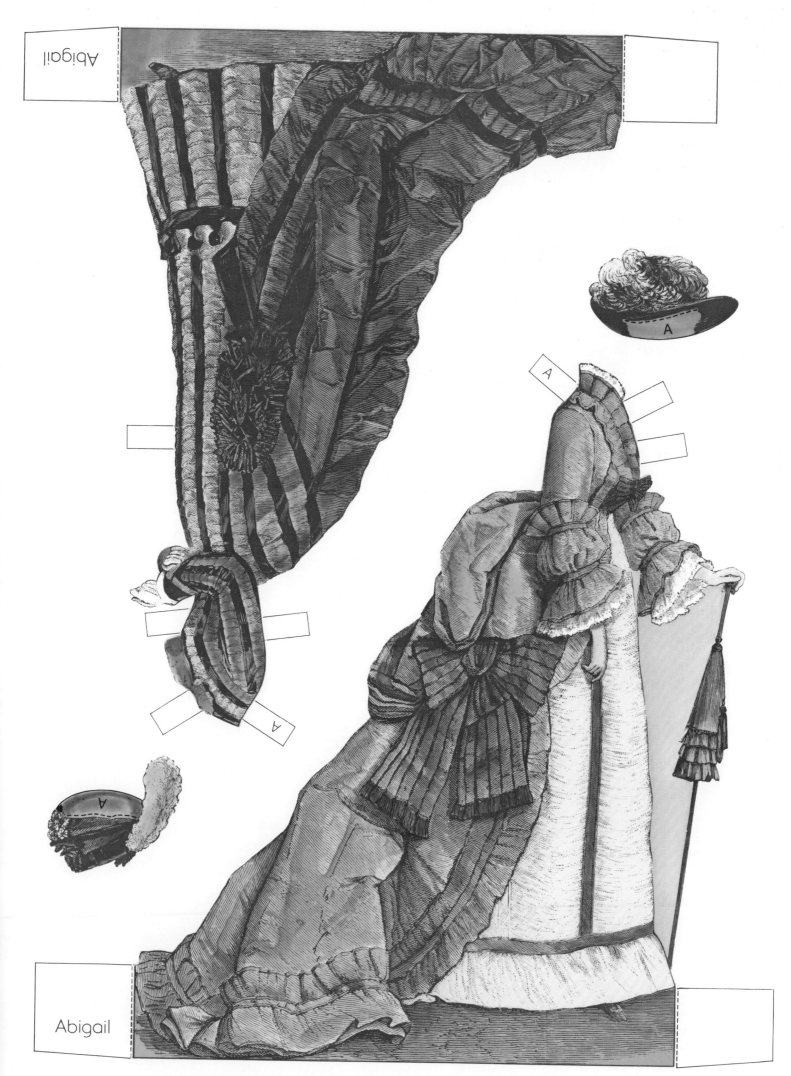

Abigail

Abigail

A

A

A

A

4

Beatrice

Beatrice

Beatrice

B

Beatrice

Beatrice

B

B

B

Beatrice

Beatrice

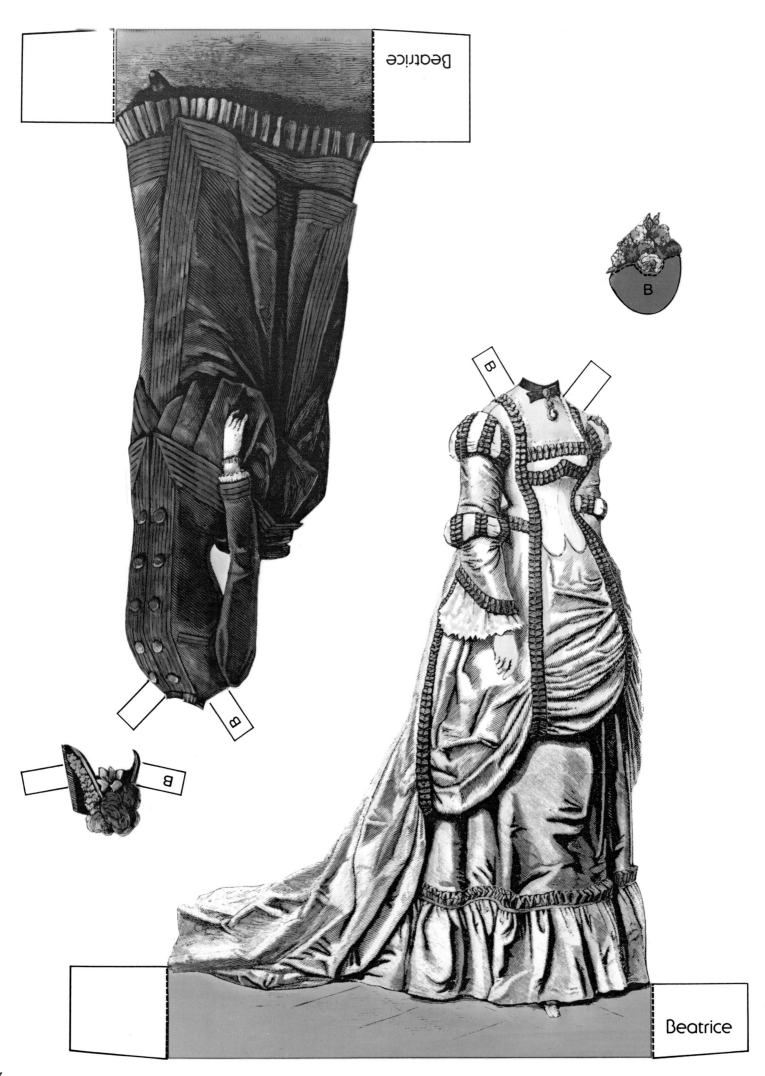

Beatrice

B

B

B

Beatrice

B

Beatrice

Beatrice

Beatrice

B

B

B

Beatrice

8

Caroline

Caroline

Caroline

Caroline

9

Caroline

Caroline

Caroline

C

C

C

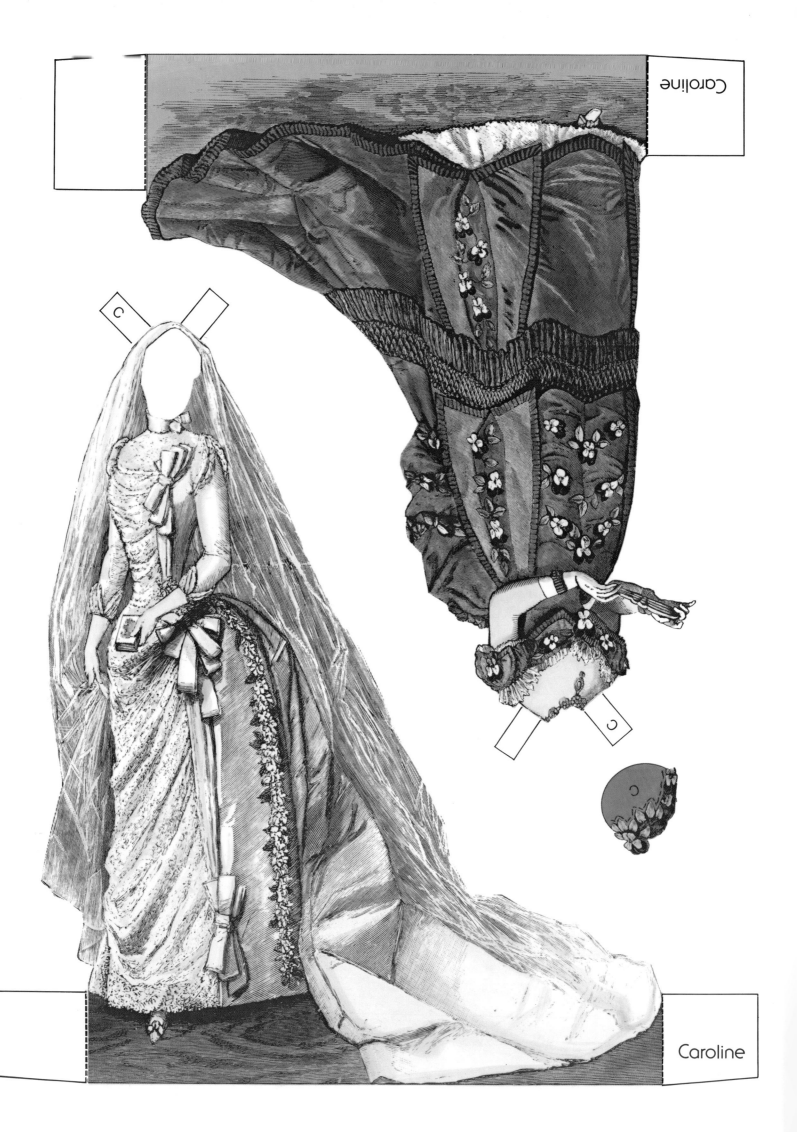

Caroline

Caroline

11

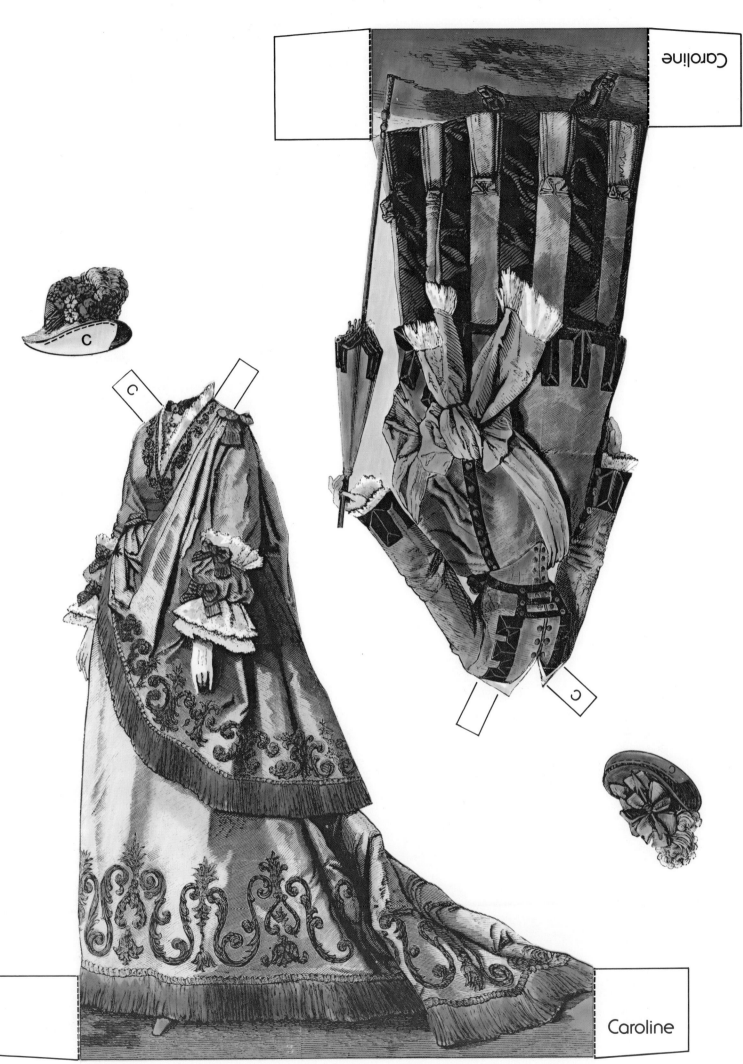

Caroline

Caroline

Caroline

C

C

C

C

12

Daphne

Daphne

Daphne

Daphne

D

D

13

Daphne

Daphne

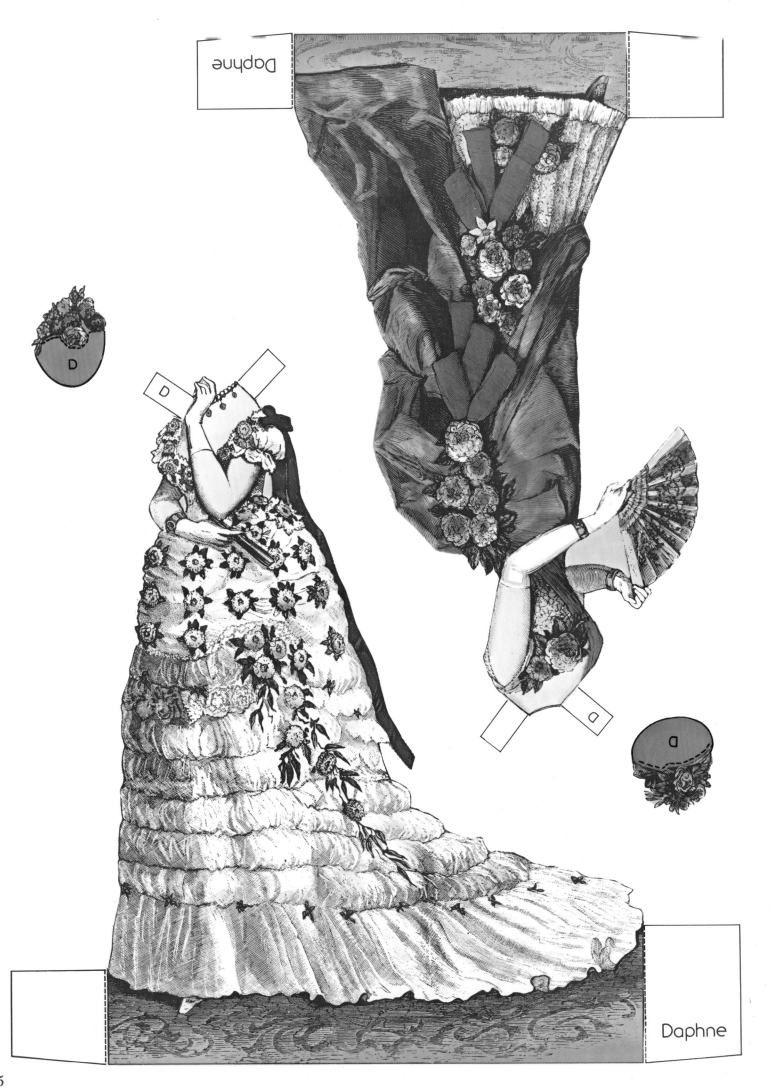

Daphne

Daphne

D

D

a

a

a

16